VENIR DEL MAR

José Alberto Cabán

Ilustraciones de Margarita Sada

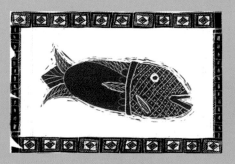

LA
OTRA
ESCALERA

LITTLE VILLAGE

Pocos días después de nacido, Bolaji fue llevado ante el adivino por sus padres. Ellos, como todos los padres del pueblo yoruba, quieren conocer el destino de su hijo.

Los yoruba son un grupo humano que comparte el mismo idioma, la misma cultura y el mismo territorio en el África occidental.

Cuando los padres de Bolaji se encaminaron hacia la casa del adivino, no esperaban que este hombre encontrara por azar el destino del recién nacido. Ellos *saben* que el adivino se ha preparado arduamente para cumplir con esa tarea.

LITTLE VILLAGE

Los adivinos yoruba se dedican durante largo tiempo a aprender de memoria una gran cantidad de mitos, es decir, de relatos que hablan de sucesos supuestamente ocurridos en un pasado remoto. Para los yoruba, todo lo que sucede y sucederá ha ocurrido antes, en ese pasado remoto, y es por eso que los mitos pueden ser útiles para conocer el destino de las personas, el *orí*, como dicen los yoruba.

Orí es precisamente eso, el destino de cada hombre o mujer, y también es el espíritu que se aloja en la cabeza de las personas. De acuerdo con las creencias religiosas yoruba, antes de que una persona nazca, su orí acude donde el dios Olodumare para decirle por qué quiere venir al mundo. Olodumare escucha y acepta el plan propuesto, y es ahí cuando el orí empieza a tomar la forma de un ser humano. Pero en el proceso de encarnarse en una persona, el orí olvida todo lo acordado con Olodumare.

Por eso la adivinación es necesaria, para saber qué pactó el orí con Olodumare.

Los padres de Bolaji acudieron con el *babalawo*, un adivino que posee el conocimiento más profundo de Ifá, es decir, del conjunto total de mitos yoruba. Ifá consta de 256 signos adivinatorios diferentes y cada uno de esos signos se relaciona con una gran cantidad de mitos.

Originalmente la cultura yoruba era ágrafa, es decir, no poseía escritura. Por tal razón, todos los conocimientos, reflejados en los mitos, eran preservados en la memoria de los adivinos. Hoy en día, todavía son ellos quienes conservan el saber del pueblo yoruba y quienes lo comunican a los más jóvenes.

La memoria es fundamental para los adivinos, pues mientras mayor cantidad de conocimientos recuerden, mejor podrán ejercer sus funciones en beneficio de la gente.

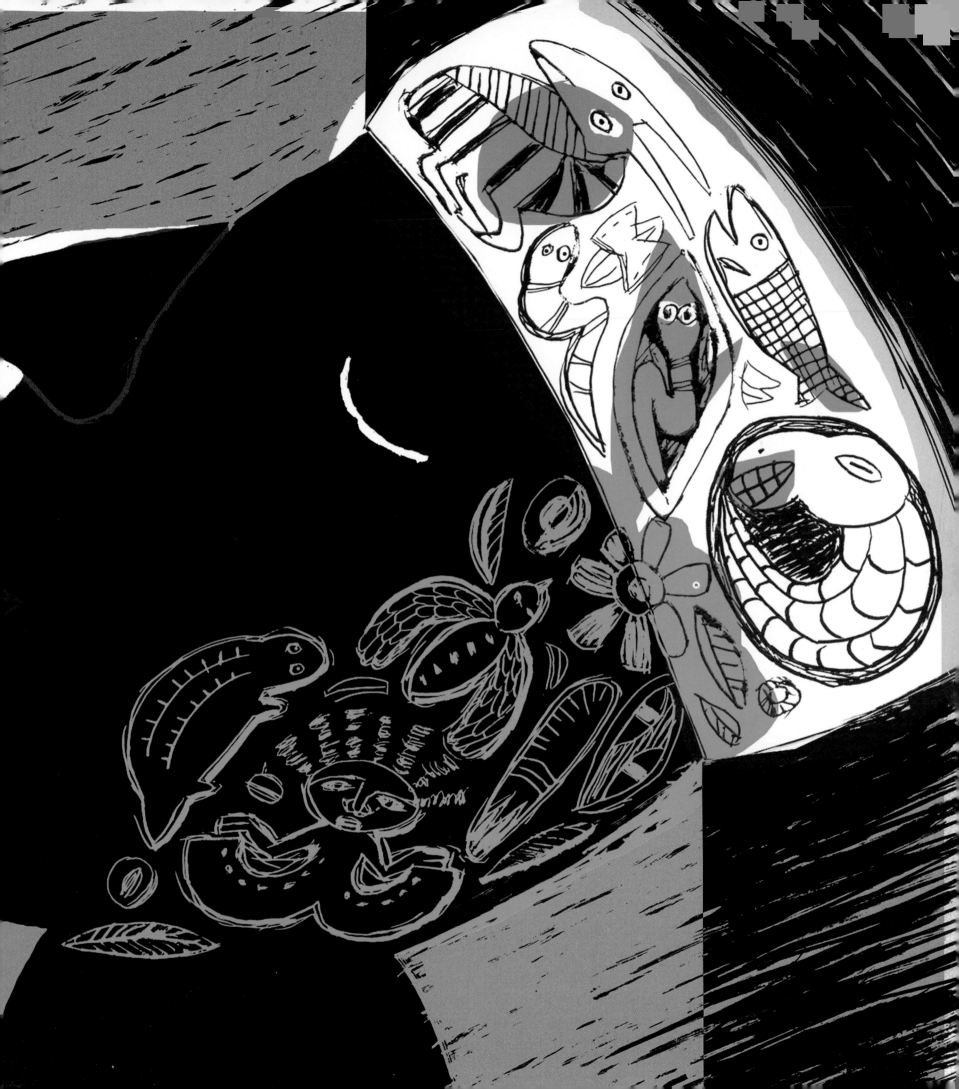

Una vez que los padres de Bolaji estuvieron ante el *babalawo,* esto fue lo que él les dijo:

Hace muchos años existió un rey llamado Alaiyé. Ese rey tenía muchos sirvientes, pero entre todos uno era su preferido. Ese sirviente se llamaba Erú.

En una ocasión, Alaiyé envió a dos mensajeros a casa de Erú para que lo llevaran al palacio. Cuando los mensajeros llegaron a su destino, vieron que el sirviente se encontraba haciendo sus oraciones y ofrendando nueces de kola a su orí.

Los mensajeros le informaron a Erú que Alaiyé quería verlo, pero éste respondió que no podía acudir.

—Acabo de iniciar mis oraciones —dijo—, y ustedes saben que por esta razón no puedo salir sino hasta mañana.

Los mensajeros escucharon al sirviente y volvieron inmediatamente al palacio.

Cuando estuvieron ante Alaiyé, le contaron lo sucedido. El soberano enfureció enseguida.

—¿Cómo puede ser que un rey mande llamar a su sirviente y éste se niegue a obedecer? ¡Preparen un caballo! Yo mismo habré de traer a Erú.

Los sirvientes obedecieron y unos instantes después Alaiyé cabalgaba rumbo a la casa de Erú, acompañado de sus guardias.

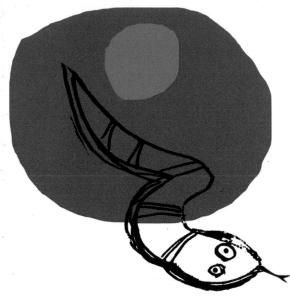

Alaiyé se detuvo frente a una vieja casa y escuchó las oraciones que venían desde dentro. Reconocer la voz de su sirviente lo encolerizó todavía más y entró en la casa con gran violencia.

—¿Por qué no acudiste a mi llamado? —gritó.

—Kabiesi, he estado aquí, dedicado a mis oraciones y a ofrendar nueces de kola a mi orí para que todo lo que yo emprenda resulte bien…

—¿Quieres que todo te resulte bien? ¿Cómo puedes decirme eso si has desobedecido? Erú, de hoy en adelante nada será bueno para ti —dijo Alaiyé y condenó a muerte al que hasta hace poco era su sirviente preferido.

Por más que Erú suplicó, el rey no tuvo clemencia. Alaiyé ordenó a sus guardias que tomaran preso al sirviente, lo encerraran en una caja de madera y lo lanzaran al mar.

Los guardias cumplieron la voluntad del soberano.

Durante cinco días Erú flotó por el mar en la caja de madera, cada vez más débil y sediento. El sexto día, la caja finalmente fue impulsada por el mar hacia una playa, donde varios hombres estaban sentados. Inmediatamente se aproximaron a la caja, la abrieron y tomaron por los brazos al moribundo.

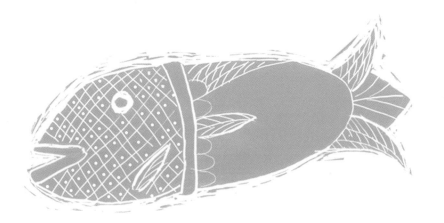

Una semana después, cuando Erú recobró la conciencia, se enteró de que unos guardias del país de Ipobe lo salvaron de morir y que durante los últimos siete días había permanecido en un palacio, donde todos lo colmaban de cuidados.

A la mañana siguiente, un anciano llamado Odu Iroko visitó a Erú para informarle que sería nombrado rey de Ipobe. Erú no podía creerlo y entonces Odu Iroko explicó:

—Nuestro rey murió y hemos consultado el oráculo para saber cómo deberíamos proceder. El oráculo nos reveló que el próximo rey vendría del mar. La señal se ha cumplido y ahora usted se encuentra aquí, kabiesi —dijo con enorme respeto Odu Iroko, dirigiéndose a Erú.

Los ancianos de Ipobe celebraron la llegada de su nuevo rey, invitando a los soberanos de los reinos próximos a una gran ceremonia. Entre ellos estaba Alaiyé, quien no pudo ocultar su estupor cuando vio que el trono de Ipobe había sido ocupado por su sirviente. Se dirigió hasta él y se postró para suplicar perdón. Erú, sabiamente, le dijo a su antiguo amo:

—Nada tengo que perdonarte. Cada uno hizo lo que debía. Cumplí con mis oraciones y ofrecí nueces de kola a mi orí. Y, hoy, si no fuera por ti, yo no sería rey.

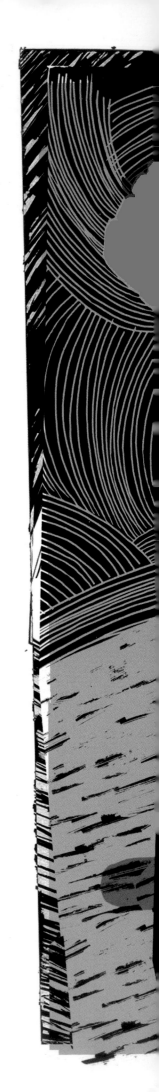

Cuando el adivino concluyó su relato, los padres de Bolaji estaban seguros de conocer el destino de su hijo.

No creían que Bolaji se convertiría en rey de un país vecino ni mucho menos. Pero encontraban en el relato la idea de que su hijo sería dichoso si cumplía con sus deberes sin permitir, a la vez, que éstos lo esclavizaran.

Este mito no sólo le corresponde a Bolaji. También puede aplicarse a otros hombres y mujeres yoruba. Por ejemplo, si una persona del pueblo tiene un problema que no puede solucionar, puede acudir al adivino, quien posiblemente encontrará que este mito le ayudará a resolver la situación adversa que lo aqueja.

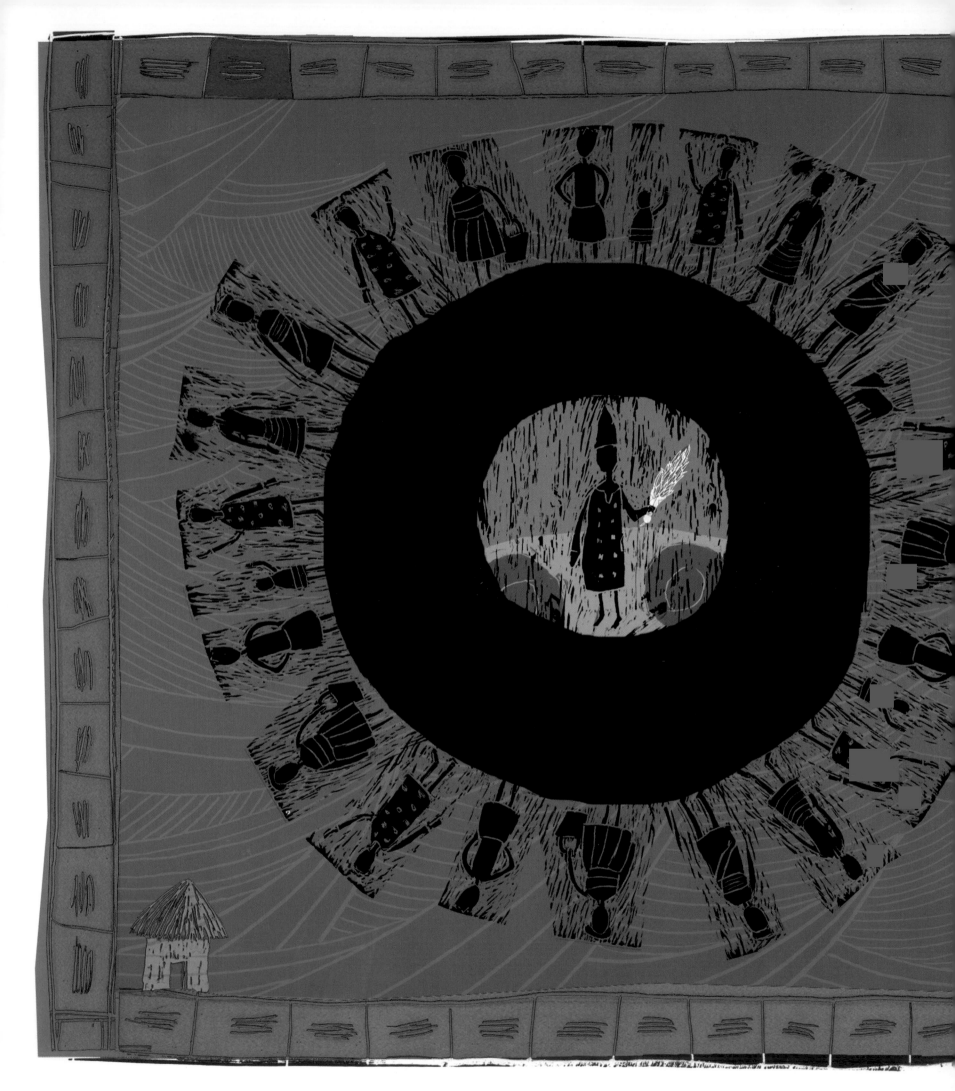

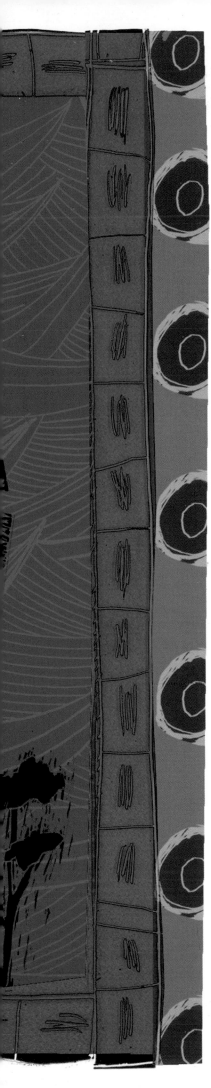

La historia de Erú también muestra que entre los yoruba una persona con funciones sociales muy definidas puede ocupar otras, incluso de mayor prestigio para la comunidad. Sin embargo, aunque este ideal está expresado en el mito, eso no significa que siempre se haga realidad.

Como se ve, los mitos yoruba no son únicamente historias imaginarias. Son palabras clave para guiar las acciones de cada persona dentro de la comunidad.